PANÉGYRIQUE

DE

SAINTE THÉRÈSE

PRONONCÉ A LAGHET LE 15 OCTOBRE 1901

PAR

M. l'Abbé Jules ÉNARD

DOCTEUR EN THÉOLOGIE

VICAIRE A NOTRE-DAME (NICE)

NICE

IMPRIMERIE DES ALPES-MARITIMES

16, Rue Saint-François-de-Paule, 16

1902

PANÉGYRIQUE

DE

SAINTE THÉRÈSE

Prononcé a Laghet le 15 Octobre 1901

PAR

M. l'Abbé Jules ENARD

Docteur en Théologie

Vicaire a Notre-Dame (Nice)

NICE

IMPRIMERIE DES ALPES-MARITIMES

16, Rue Saint-François-de-Paule, 16

—

1902

AU

Très Révérend Père RAPHAËL

Supérieur du Monastère et du Sanctuaire de Laghet

DISCOURS

publié sur ses pressants désirs

Affectueusement,

Théol. J. E.

Imprimatur :

L. Iauch, v. g.

*Scit enim omnis populus mulierem
te esse virtutis.*

Tout le peuple sait que vous êtes
une femme de vertu.

(RUTH, III, 11).

MES BIEN CHERS FRÈRES,

A entendre certains savants modernes, philosophes,
critiques ingénieux, mais surtout systématiques négateurs
de toute action surnaturelle, sainte Thérèse ne serait
qu'un être maladif, névrosé, une visionnaire, que le
mysticisme du cloître aurait exaltée plus encore que
l'idée religieuse elle-même. Or, rien n'est plus faux. La
lecture attentive des œuvres de cette Sainte nous révèle
un esprit parfaitement équilibré et une intelligence éton-
nante des choses de la vie.

Mais le tempérament, me dites-vous ? Le tempérament a
évidemment influé sur sainte Thérèse. La grâce ne détruit
pas la nature, mais la perfectionne. La sainteté — *vous
ne l'ignorez point* — *une* dans son essence, est diverse
dans ses manifestations, ses modes d'être, suivant le
caractère, les facultés naturelles des âmes qui, sous la sou-
veraine action de Dieu, atteignent les sommets de la
perfection chrétienne. De même qu'une étoile diffère
d'une autre étoile en splendeur *sic stella differt a stella
in claritate*, ainsi sainte Thérèse ne ressemble point à
une sainte Paula, à une sainte Elisabeth de Hongrie, à
une sainte Catherine de Sienne ou à une sainte Catherine de Gênes. Elle fut marquée d'une personnalité
particulière, dans sa sainteté même, parce qu'elle fut
extraordinairement douée au point de vue naturel.

Aussi subtile que paraisse cette idée, elle traduit,

cependant, le sentiment des théologiens, de saint Thomas d'Aquin en particulier, sur l'influence inégale de la grâce dans les âmes prédestinées. Je ne nie point — remarquez-le — l'action surnaturelle; j'affirme, au contraire, qu'elle commence, continue et achève essentiellement l'œuvre de la sainteté. Mon intention n'est pas d'étudier avec vous le caractère de la sainteté de Thérèse, de vous montrer comment les richesses naturelles de son âme, en se développant au contact de la grâce, lui ont donné une physionomie à part.

Non : vous savez, tout le peuple sait que cette femme fut d'une incomparable vertu d'humilité, de force, de courage, de mortification, d'endurance, de foi, de charité.

Une femme de charité, dans la grandeur et la beauté que l'Evangile attache à cette qualification. Une femme de charité, c'est-à-dire aimant Dieu souverainement et dans cet amour, l'humanité tout entière. Sans nous demander, s'il est trop simple, nous renfermerons en cette parole, l'éloge de sainte Thérèse d'Avila — la mystique et la savante — fondatrice de monastères et réformatrice de l'Ordre du Carmel.

Vous connaissez ce texte de saint Jacques : « Celui qui demeure en la charité, demeure en Dieu et Dieu demeure en lui ». La charité, en effet, est un principe d'union, une source d'activité et de purification surnaturelles, la première et la plus puissante des forces chrétiennes, sans dire, cependant, qu'elle suffise à elle seule, à l'exclusion de la pratique des vertus morales.

Telle est la double division de ce discours, que nous plaçons humblement, en toute confiance, sous la très haute protection de la Vierge de Laghet, Mère bonne, puissante et miséricordieuse.

Ave, Maria.

I

C'est la tendance générale des êtres d'appuyer leur faiblesse sur la force, de créer entre eux l'union qui soutient ou développe les énergies naturelles. Jetez les yeux autour de vous : le lierre cherche l'appui du chêne, la vigne, la tutelle de l'olivier, les plus frêles plantes, l'abri des grands arbres et, à travers les champs immenses, elles trouvent, dans leur groupement charmant, le secret de résister à la tempête. Dans la politique, les nations affirment, en des alliances puissantes, leur propre sécurité ; dans toutes les affaires, les hommes faibles appellent à leurs secours les hommes forts. Ainsi l'union nous apparaît-elle nécessaire et universelle au sein de la création.

Qui donc mettra en rapport l'homme avec Dieu, rapprochera la faiblesse infime de la Force infinie ? Car il ne faut pas l'oublier, mes Frères, la distance qui sépare l'homme de Dieu est incommensurable. Depuis la chute originelle, cette distance, accentuée d'une façon plus profonde encore, est devenue naturellement infranchissable.

L'homme, cependant, ressent un besoin impérieux de se rapprocher de Dieu, à tel point que Tertullien n'a pas hésité à regarder ce besoin comme un argument en faveur de l'existence de la Divinité. Je ne m'étonne pas aussi que certaine école d'apologétique l'invoque aujourd'hui contre les affirmations du scepticisme.

Mais de quelle manière se produira-t-il ce rapprochement entre Dieu et l'homme en cette terre de misère ? Par la grâce, c'est-à-dire, par la bienveillante et immédiate action de Dieu sur l'homme et, dans sa forme la plus vivante, par la charité. La charité, en effet, est l'amour

de Dieu, compris au sens évangélique. Or, l'amour, suivant une vieille formule, unit l'âme à l'objet aimé. Mais, par quels moyens l'homme réalisera-t-il cette union avec Dieu ? Sainte Thérèse nous l'enseigne : par l'oraison, la communion et la profession religieuse. Dans des traités, que l'Eglise estime presque à l'égal des écrits de ses plus fameux docteurs, elle prouve cette vérité avec une clarté et une science tout à fait remarquables.

Voici, mes Frères, comment cette illustre Sainte définit l'oraison : une relation d'intimité qui s'établit entre le Seigneur et nous, nous mettant à même de lui dire nos besoins, de lui confier notre détresse.

Je n'essaierai point, mes Frères, de vous donner la théorie mystique de l'oraison que sainte Thérèse développe, en ses livres, avec autant de charme que d'intérêt. Je vous l'indiquerai, néanmoins, et vous pourrez en tirer quelque profit pour vos âmes.

Au milieu de vos travaux, de vos occupations et de vos soucis, il ne vous est pas toujours possible de parler aux personnes que vous aimez, mais vous pouvez penser à elles, vivre avec elles dans l'union du cœur et des mêmes sentiments. Si vous êtes vraiment chrétiens, vous penserez à Dieu, non pas seulement aux heures de la prière, à ces heures trop rares, où vous lui parlez, mais, souvent, dans le cours de la journée, car Dieu — ne l'oubliez pas — doit demeurer le premier objet de votre amour. C'est ainsi que vous vous mettez en rapport avec Dieu, que vous lui exposez vos besoins et lui demandez ses grâces. C'est ainsi que, dans sa forme la plus simple, peut pratiquer l'oraison aussi bien l'homme des champs que l'ouvrier des villes.

Il existe une union plus intime avec Dieu : la communion. C'est l'extase à sa plus haute puissance, dit Albert le Grand, c'est-à-dire la transposition d'un être, d'un lieu où il est, dans un lieu où il n'est pas. Pour que l'extase soit réelle dans la communion, il ne suffit pas que Jésus-Christ vienne en vous, il faut que vous quittiez la terre pour monter jusqu'à Lui. Vous entrez dans l'âme, la vie, la divinité de Jésus-Christ ! Quel est donc le sens de cette doctrine ? Vous l'avez compris : vous contractez une union intime, profonde avec Dieu par la réception du corps de Jésus-Christ dans la Sainte Eucharistie.

On ne saurait trop le redire en ce temps d'ignorance religieuse, la communion est l'union sacramentelle de l'homme avec Dieu, union passagère, mais absolument réelle. Lorsque vous recevez l'Eucharistie, vous recevez Jésus-Christ tout entier, son corps, son âme, sa divinité. Il est en vous et vous êtes en Lui, de sorte que vous pouvez dire, pour quelques instants, avec l'apôtre saint Paul : « Ce n'est pas moi qui vis, c'est le Christ qui vit en moi. » Votre cœur se dilate au contact de la chair sacrée de votre Sauveur. La charité y provoque des tressaillements ineffables, plus doux que la brise des soirs et plus mystérieux que le bruit qui passe, dans la nature, aux heures silencieuses des nuits.

Aussi avec quelle sainte insistance Thérèse recommande-t-elle ce mode d'union avec Dieu à ses religieuses et à tous les fidèles désireux d'entretenir la vie chrétienne en leurs âmes. C'est dans la communion, que Jésus-Christ se révélait particulièrement à elle, lui accordait des ravissements et l'élevait à des extases dont nul ne peut traduire la beauté. S'il ne nous est pas donné, mes Frères, de participer à ces faveurs divines dans la même mesure, il vous est possible, je vous l'assure, de communier, de vous unir à Dieu dans le Sacrement de l'Eucharistie. Vous le pouvez et vous le devez.

Jésus-Christ vous appelle à Lui avec des paroles de paternelle tendresse : Venez tous à moi, vous qui souffrez et je vous soulagerai. Vous le devez : Si vous ne mangez la chair du Fils de l'homme et ne buvez son sang, vous n'aurez point la vie en vous. L'Eglise vous ordonne, au temps pascal, de répondre à l'invitation de Jésus-Christ. Si vous refusez d'obéir à cet ordre, vous cessez d'être de véritables chrétiens et vous ne pouvez réaliser en vous l'union de vos âmes avec Dieu.

Le troisième degré d'union avec Dieu, c'est la profession religieuse que, dans son mystique langage, sainte Thérèse appelle un mariage spirituel, parce qu'elle forme une union permanente entre l'âme et Dieu. Qui s'attache à Dieu est un même esprit avec lui, suivant la parole de l'Apôtre.

La profession religieuse demande un total oubli de soi, un complet abandon à la volonté de Dieu, une obéissance et un esprit de sacrifice surhumain. Réservée à certaines âmes, elle s'affirme à toutes les pages de l'histoire de l'Eglise, comme une vocation d'un ordre spécial. Dieu — maître souverain — appelle, et les âmes qu'il appelle doivent obéir sans résistance.

Mais la famille, mais les amitiés, mais le monde, s'opposent à la profession religieuse, à ce mariage idéal, tandis qu'il n'y a qu'une voix pour applaudir à des épousailles terrestres, vouées trop souvent à de lamentables ruines, aux pires trahisons, aux plus cruelles tristesses. La politique elle-même, — impitoyable — suit les préjugés du monde et s'efforce d'anéantir, au nom de la liberté, la profession religieuse dans ses manifestations les plus belles, les plus inoffensives et les plus irréprochables.

Et voici — personne ne l'ignore — que les enfants de sainte Thérèse sont troublés en leurs saintes et paisibles retraites !

On oublie, hélas! on ne veut pas comprendre surtout les bienfaits, l'utilité et la nécessité morale de la profession religieuse.

Prenez l'histoire et vous constaterez les services rendus à la civilisation, à la science, à la société, par les moines, les religieux et les religieuses elles-mêmes. Mais les Carmélites, ces douces filles de sainte Thérèse, ont-elles le droit de se vouer à une vie aussi austère, de s'ensevelir vivantes dans leurs cloîtres funèbres, de mépriser la jeunesse et la beauté ? Ecoutez, Mes Frères, sans les prières et les sacrifices volontaires de telles religieuses, le monde blasphémateur, impudique, affreusement prévaricateur,

serait incapable de payer la rançon de ses crimes. Les
Carmélites sauvegardent, au point de vue moral, la loi
des compensations et de l'équilibre ; elles rendent assu-
rément plus de services réels que les sophistes et les
politiciens. Ce serait un grand malheur pour le monde,
pour la *société entière*, le jour où le mal triomphant ne
rencontrerait plus devant lui la prière et le sacrifice du
cloître.

II

La charité est une source d'activité ; elle pousse à l'action, *movet ad actum*, suivant une très juste et très belle expression de saint Thomas d'Aquin. Un amour inerte, sans vie et sans manifestation aucune, ne peut se concevoir. Aussi, pour nous donner une image saisissante de l'activité dont il doit être animé, Notre Seigneur le compare-t-il à un feu : « Je suis venu apporter le feu sur la terre. Je ne veux pas autre chose, sinon qu'il brûle. *Quid volo nisi ut accendatur.* »

Etudiez, je vous prie, le rôle du feu, dans la nature physique, à l'époque où nous vivons. Il prend toutes les formes, il est l'agent de tous les progrès, des plus merveilleuses découvertes : chaleur, mouvement, électricité, force incalculable, il franchit les distances, passe d'un continent à l'autre, traverse les Océans, transmet la pensée, la parole, il est l'inlassable et universelle activité. Mais que dire de cet autre feu immatériel, divin, qu'est la Charité, source de tous les dévouements, de tous les sacrifices héroïques, de toutes les grandes et nobles choses ?

Voyez quelle activité la charité met au cœur et dans l'âme de sainte Thérèse. Dès son plus bas-âge, cette illustre Sainte est prise du désir de porter à travers le monde l'Evangile du Christ, de prêcher les bontés de Dieu, de dire à toutes les créatures son amour. Vous connaissez ce trait d'une naïve et touchante simplicité : elle n'avait que sept ans, que déjà elle s'entretenait avec enthousiasme du bonheur du martyre. Elle tenta un jour de s'échapper de la maison paternelle avec son frère Rodrigue, mort plus tard en vaillant chevalier sur les bords du Rio de la Plata. Mais où allaient-ils ces chers enfants ? Entendez bien, ils allaient évangéliser les Maures. Ils avaient rêvé, sous l'influence de leur vive piété, de quitter l'Espagne pour l'Afrique, où les attirait un radieux apostolat, la vision d'âmes non baptisées !

A mesure qu'elle croissait en âge, sainte Thérèse, dans la prière, la méditation, dans la conscience de sa destinée, trouvait des aliments nouveaux à son activité. Je vous indique à peine le travail de sa charité.

Elle est définitivement à Dieu dans la profession religieuse. La charité, dont brûle son âme, se développe au contact des mystérieuses influences de la grâce. Elle élargit, en cette âme d'élite et autour d'elle, le cercle de la piété chrétienne ; elle lui montre le purgatoire avec ses douleurs ineffables. Cette charité lui inspire d'intéresser les fidèles d'ici-bas au soulagement des âmes souffrantes de l'autre monde. A l'exhortation, cette héroïque et éloquente religieuse, joint l'exemple qui entraîne.

Est-ce assez ? Non, Mes Frères, elle prend à cœur de répandre partout la dévotion à saint Joseph. Ecoutez donc : Je lui demande, dit-elle, le jour de sa fête une faveur particulière et j'ai toujours vu mes désirs accomplis... Je me contente de conjurer, pour l'amour de Dieu, ceux qui ne me croieraient pas, d'en faire la preuve ; ils verront par expérience combien il est avantageux de se recommander à ce glorieux patriarche et de l'honorer d'un culte particulier. Croyez-vous, Mes Frères, que l'activité de sainte Thérèse s'enferme uniquement dans ces sphères élevées de la piété au sein de la paisible retraite d'un cloître ? Non, elle se met au service de l'Eglise, des âmes dévoyées comme des âmes pieuses ; elle est considérée presque comme une directrice de conscience. Au prix des plus durs labeurs, elle parvient à réformer l'ordre séculaire du Carmel, à fonder de nombreux monastères de Carmélites où refleurit soudain l'austérité des règles antiques.

Autour de cette femme supérieure, qui n'aime point les demi-savants et les médiocrités, suivant ses propres expressions, se groupent les plus fameux docteurs des Universités. Elle apporte aux Dominicains, aux Jésuites et aux Carmes l'appui de ses lumières dans les plus graves affaires. Elle aime Dieu : voilà pourquoi elle travaille à faire rayonner partout sa gloire et son règne. Qu'on ne dise plus que l'amour de Dieu tue l'activité humaine, l'intelligence et le savoir. L'exemple de sainte Thérèse n'est-il pas la plus belle réponse à une si puérile objection ?

Source d'activité, la charité est aussi un principe de purification, ainsi que l'enseigne la théologie. Dans l'Evangile, vous le savez, elle est comparée au feu. Or, l'une des propriétés du feu, c'est de purifier. Sainte Thérèse est donc purifiée par l'amour suprême qu'elle a voué à son Dieu. Elle a été éprouvée dans son corps, son âme, son cœur, sa réputation, dans sa vie entière, depuis l'âge de 12 ans jusqu'à 67 ans. Dénoncée au légat du Pape, elle est même traduite devant le Tribunal de l'Inquisition, comme une femme qui donne, dit Bossuet, la vogue à des visions dangereuses.

Contredite par les plus hauts personnages de l'Eglise et de l'Etat, elle seule demeure constante, ajoute le grand orateur, dans la ruine apparente de tous ses desseins ; aussi ferme que le fidèle Abraham, « elle fortifie son espérance contre toute espérance ». *In spem contra spem.* Ne sait-elle pas, Mes Frères, que la douleur et le sacrifice sont toujours le partage de tout cœur qui aime dans la vérité et la sincérité ?

Voici que, par un prodige inouï, Dieu marque sa servante d'un sceau étrange : « Donnez-moi un cœur qui aime et il comprendra ce que je dis, pourrai-je m'écrier avec saint Augustin ». Sainte Thérèse éprouve, à 44 ans, non pas moralement, mais physiquement, le martyre de son amour pour Dieu. Un chérubin plonge au travers de son cœur un dard d'or à la pointe acérée et brûlante.

L'Eglise reconnaît l'authencité de ce miracle, au grand scandale de certains savants, puisqu'elle célèbre, le 25 mai, la fête de la transverbération du cœur de sainte Thérèse.

Posséder l'objet de son amour, le voir toujours, le poursuivre jusque dans la mort, c'est le rêve de tout cœur aimant comme le terme de la vraie charité de posséder Dieu, de le voir dans le face à face de l'éternité.

Mourir est la sublime aspiration des âmes saintes, parce que la mort est la consommation de leur union avec Dieu, le libre essor imprimé à leur activité et leur complète purification dans l'éternelle lumière. C'était le plus ardent désir de l'apôtre de voir se briser ses chaînes, afin d'être avec Jésus-Christ. Etre avec Jésus-Christ, le Maître doux, le Père aimé, le Sauveur et le Rédempteur de l'humanité ! c'est aussi le désir de Thérèse et chaque jour « elle se meurt de ne pouvoir mourir ». Ce fut au bout d'une extase, qui dura quatorze heures, que cette héroïque Sainte rendit à Dieu le 4 octobre 1582 son âme, — une âme des plus aimantes et des plus élevées, dont l'histoire ait gardé le souvenir.

En face de telles existences, le sceptique — léger et irréfléchi — branle ironiquement la tête et laisse flotter sur ses lèvres comme un amer sourire de pitié ! O sainte Thérèse, tout le peuple sait, cependant, que tu es une femme d'incomparable vertu, *scit enim omnis populus mulierem te esse virtutis.*

Plus l'action surnaturelle est niée, plus elle s'affirme victorieusement dans les âmes. Regardez donc autour de vous. De nos jours plus qu'à une autre époque, les hommes éprouvent, devant le matérialisme, le besoin de s'arracher à la terre, de s'élever au-dessus des régions inférieures, où ils ne rencontrent avec un lamentable ennui qu'une lassitude incroyable de vivre :

> Bien que l'existence soit brève
> Les jours leur paraissent trop longs
> Car ils sont vides...

L'implacable vie apparaît à un grand nombre comme

une corvée de forçat. Les plus charmantes choses de la nature les laissent indifférents, si elles n'exagèrent point leur tristesse : les paysages émouvants, les horizons splendides, la lumière, les fleurs, la beauté ne disent rien à ces légions d'âmes blasées, qui emplissent nos cités et offrent, sur nos rivages, le spectacle de leur désœuvrement.

Ils ont, comme tant de héros, issus de l'imagination de nos romanciers modernes, pleinement joui de la richesse, de l'amour, joui de tous les luxes. Ils pourraient donc estimer qu'ils ont tiré de la vie tout ce qu'elle pouvait donner. Ils sont, toutefois, tourmentés : quelque chose leur manque. L'oiseau sait où il doit voler pour trouver son bonheur, tandis que — ces infortunés — fuient vers l'inconnu, pleins de tristesse et d'inquiétude. Aussi les entendez-vous s'écrier éperdûment :

Assez de plaisirs trompeurs, d'affections sans consistance et sans vérité. Donnez-nous l'Infini, l'Infini vers lequel montent nos désirs. Donnez-nous Dieu, amour éternel !

Eh bien ! voici ce Dieu, car, suivant la parole de l'Apôtre : « Nous avons la vie, le mouvement et l'être en lui. » Voici le Christ Jésus ; c'est à ce Maître adoré qu'il faut aller et Lui dire : Tu es vérité, tu es amour...

Par l'oraison, la communion surtout et, pour quelques âmes d'élite par la profession religieuse, vous pouvez posséder Dieu, dès ici-bas, vous unir à Dieu dans la mesure de votre amour, combler le vide de vos existence.

A l'exemple de sainte Thérèse, par une charité active et purificatrice qui met, dans vos âmes, une sainte émulation pour le bien en même temps qu'elle vous fait aimer la souffrance, vous pouvez posséder Dieu ici-bas et, plus tard, pleinement dans l'éternité.

Ainsi soit-il.

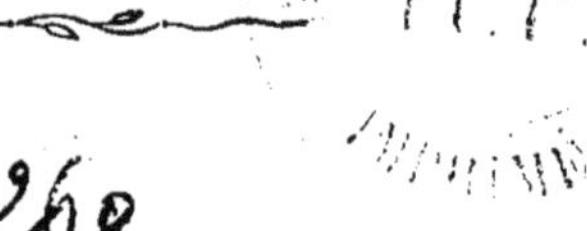

www.ingramcontent.com/pod-product-compliance
Ingram Content Group UK Ltd.
Pitfield, Milton Keynes, MK11 3LW, UK
UKHW021722090726
13657UKWH00005B/2415